AF278663

Pavie le 3. Messidor an 8.

QUATREMERE DISJONVAL

Chef d'Etat Major de l'Expédition du Mont Simplon,

AU CITOYEN BERTHIER

Général en Chef de l' Armée de Réserve.

CITOYEN GÉNÉRAL EN CHEF

Il appartient peutêtre à ceux qui ont franchi la montagne des Alpes réputée la plus difficile, de vous rendre compte des obstacles, des événements, des résultats, qui peuvent servir à caractériser pour jamais ce passage. Il importe même d'autant plus de vous en instruire, que ceux qui ont fréquemment et constamment luté contre les obstacles du mont Simplon (1), en se familiarisant, si j'ose dire,

---

(1) Cette Montagne, dit Mr. De Saussure dans son voyage des Alpes, se nomme en Allemand *Simpelen* et en Italien *Simpione*. Les François prononcent *Simplon*, et c'est ainsi qu'il faut l'ecrire plutôt que *Saint . Plomb*, puisqu' il n'y a point de saint qui porte le nom de *Plomb*.

dire, avec ses horreurs, ont conçu l'idée de changements majeurs
à opérer dans tout ce qui le concerne, ont des plans de la plus
haute importance à proposer tant pour les temps de paix que pour
les temps de guerre.

C'est le 6 Prairial que vous avez ordonné au Général Bethencourt, chargé de conduire l'Expedition par le Simplon, de
commencer à en tenter le passage. La Nature, pour ainsi dire, aux
ordres du Premier Consul, même sur les lieux où elle domine avec
les plus d'empire, avoit pris soin d'applanir cette année deux mois
plutôt que d'ordinaire un obstacle qui ajoute beaucoup aux difficul-
tés de ces routes si etroites et si scabreuses. La neige étoit dispa-
rue de dessus les chemins: mais sa chûte en avalanges avoit rompu
les mêmes chemins en plusieurs endroits; et je me hâte de vous
faire voir les François conduits par un de ces éboulements à l'une
des situations les plus extraordinaires qu'on puisse concevoir. Le
Général Bethencourt arrive avec environ mille hommes tant de
combat que de suite à l'un de ces points où le passage n'est obtenu
que par des piéces de bois dont une extrêmité pose dans le rocher
creusé, l'autre est supportée par une poutre en travers. Cette espéce de pont avoit été emportée par un eclat de roche parti de la plus
grande élévation, et qui avoit tout entrainé dans un torrent rou-
lant audessous ses eaux avec le plus horrible fracas. Le Général
Bethencourt avoit vos ordres: il declara que nul obstacle ne devoit
arrêter; et aussitôt il fut résolu d'employer le moyen suivant. Il ne
restoit de tout ce que l'art avoit ici tenté pour vaincre la nature,
que la rangée de trous dans les quels avoit été engagée l'une des
extrêmités de chaque piéce de bois. Un des Volontaires les plus
hardis s'offre à mettre les deux pieds dans les deux premiers trous,
puis à tendre une corde à hauteur d'homme en marchant de cavité
en cavité; et lors qu'il est parvenu à fixer la corde jusqu'à l'autre
extrêmité de l'intervalle entièrement vide audessus de l'abime,
c'est le Général Bethencourt qui donne l'exemple de passer ainsi
suspendu par les bras à une corde même très peu forte; et c'est
ainsi que près de mille François ont franchi un intervalle d'environ dix toises, chargés de leurs armes, chargés de leurs sacs.
On les avoit vu se servir de leurs bayonnettes, employer des cro-
chets, pour pouvoir gravir des montagnes dont l'escarpement sem-
bloit

bloit avoir banni à jamais les Humains ; je crois vous les présen-
senter ici, Citoyen Général, lutant contre les plus affreux périls
dans une attitude nouvelle ; et je les crois bien dignes des regards
de la Postérité lorsqu'ils sont ainsi suspendus entre le Ciel et le
plus effroyable abîme, par l'unique espoir de vaincre, par l'unique
envie de vous obéir.

Si quelque chose peut aider à concevoir quel a été le péril des
hommes, c'est le sort des chiens. Cinq seulement suivoient la colomne. L'amour de leurs Maitres ne leur a pas permis, ici plus
qu'ailleurs, de s'en séparer. Car la Nature a aussi sa discipline,
qui semble prescrire à certains animaux d'aimer plus leur devoir
que leur conservation. Les chiens donc, ces animaux dont l'histoire
offre tant d'actions de morale et de courage plus ou moins touchantes,
les chiens, après avoir vu partir leurs Maitres pour placer leurs pieds
dans les trous où des pieds d'hommes seulement pouvoient entrer,
après les avoir vu se suspendre à la corde que des mains d'hommes
seules pouvoient encore saisir, les cinq chiens enfin se précipitent
dans le gouffre comme d'un commun accord. Trois sont à l'instant
entrainés ponr jamais dans les flots du torrent qui infestoit le fond
du précipice ; mais deux sont assez vigoureux pour luter contre le
torrent, pour se tirer de ces eaux écumantes, pour triompher aussi
des roches à pic qui les séparoient du chemin redevenu praticable,
pour arriver enfin moins mouillés encore que meurtris jusq' aux
pieds de leurs Maitres. J'aime à penser qu'ils leur sont deve-
nus bien chers.

Je reviens à nos Combattants. Il est temps de vous rappeller,
Citoyen Général, que c'étoient des Détachements de la 102.ᵉᵐᵉ et de
la 44.ᵉᵐᵉ ½ Brigade auxquels se joignoient quelques Compagnies de
l'infanterie Helvétienne. Les noms du Général, des Officiers de son
Etat Major tant François qu'Hélvetiens, qui ont donné l'exemple
d'une telle audace, sont déja gravés sur le roc qui leur avoit refu-
sé le passage. Ils trouveront là, sans doute, le plus beau temple
de Mémoire. Mais ils y ont trouvé de plus cette force d'élan, qui
leur a fait ensuite renverser, surprendre, les postes Autrichiens avec
tant de boncheur. Ceux ci dormoient, pour ainsi dire, appuyés sur
cette barrière. Avec quelle stupeur ils ont vu arriver les François
sur leur front, sur leur flanc, et descendre le Simplon, lorsqu'ils
les croyoient loin de pouvoir même le gravir !   Il

4

Il est temps aussi de développer les avantages réels que présente pour les opérations Militaires la montagne du Simplon, tout horrible qu'elle est, quand on la compare impartialement et judicieusement, soit au Gothard, soit aux deux Bernards. Elle est d'abord notablement moins haute que chacune de ces trois montagnes (2). Son élévation semble s'arrêter juste au point qui commence à compromettre la sensibilité humaine; et tandis que les autres font ressentir en tout temps un froid insupportable, le Simplon commence à vous offrir les moyens de redescendre lorsque l'ascension cesseroit de vous donner du ton, lorsqu'elle ne vous feroit plus sentir que ce froid l'ennemi ou plutôt la mort tant du Moral que du Physique. Le point des Alpes qu'occuppe le Simplon est aussi bien plus central, soit par rapport à la Capitale de la République Italienne, soit par rapport à celle de la République Helvétique, soit à l'égard de Paris même. Vous avez cherché, Citoyen Général, à faire arriver en même temps deux colomnes par le Gothard et par le Simplon; mais quelle différence a eu lieu dans ce moment d'arrivée entre les deux colomnes! L'avant-garde de la Division du Gothard, partie le 6 Prairial du pied de cette montagne pour la franchir, n'a pu arriver que le 25 à la hauteur du reste de l'Armée de Réserve, c'est à dire, le matin de la fameuse bataille de Marengo (3). Quant à l'avant-garde de la Division du Simplon, partie également le 6 du pied citérieur de cette montagne, elle a

pu

---

(2) La hauteur comparée de ces quatre Montagnes est, d'après le voyage de Mr. De Saussure dans les Alpes :
Petit St. Bernard 1125 toises audessus de la mer
Grand St. Bernard 1246 toises
St. Gothard 1065 toises
Simplon 1029 toises .

(3) Pour achever de reconnoître combien peu le Gothard est propre à fournir une route militaire, lorqu'il s'agit de faire arriver de grandes forces et beaucoup de munitions au centre de l'Italie, on doit encore faire état de l'obstacle terrible qu'opposa le flotille de Williams, croisant sur tout le Lac Majeur, à la véritable marche qu'eût dû suivre la colomne du Lieutenant Général Moncey. C'est sur quoi il faut entendre ce digne Général lui même, ainsi que sur la fatigue la destruction le retard qu'a causés à sa troupe, surtout à sa cavalerie, la nécessité d'ajouter à l'ascension du mont Gothard celle peutêtre plus difficile encore du mont Cénery.

pu combattre aux avant-postes dans les affaires de Montebello, Voghera, S. Julien, Marengo. Mais la 44eme ½ Brigade, qui fournissoit cette avant-garde, réunit en elle un autre genre de mérite bien plus mémorable encore. Son dernier Bataillon commandé par le Chef de Brigade Saudeur n'a pu partir du pied citérieur du Simplon que le 16 Prairial, et grace aux facilités très réelles pour les marches qu'offre cette montagne; grace aussi, je n'ai garde de vouloir le dissimuler, à l'indicible activité du Chef de Brigade Saudeur, cinq cents hommes de cette même demi-brigade sont arrivés pour 6 heures du soir le 25 Prairial sur le champ de bataille de Marengo, avec chacun 60 cartouches; ensorte que si c'est un bataillon de cette demi-brigade qui a soutenu avec tant de vigueur le premier choc des Autrichiens, c'en est un autre qui a peutêtre le plus contribué à décider la Victoire, en arrivant avec des hommes frais et un si grand nombre de cartouches, pour appuyer le Général Desaix.

On avoit dit que le Simplon, à peine praticable pour des hommes, ne le seroit jamais pour des chevaux; et je l'ai passé la derniere fois suivi de quinze Cavaliers montés, sans avoir été jamais contraint par une nécéssité réelle à descendre de cheval.

On avoit dit que le Simplon ne se prêteroit jamais au passage de l'Artillerie ainsi que de ses munitions; et le Général Bethencourt a réussi à se faire suivre de deux Piéces de trois de quatre Piéces de quatre de deux Obusiers, et j'ai réussi, moi, à me faire suivre de deux Piéces de huit.

Vous voyez, Citoyen Général, que tous ceux qui avoient été chargés de reconnoitre jusqu'à ce moment le Simplon, se sont laissé probablement imposer par une double espéce de prestige. Rien de si beau par endroits, et rien de si affreux en d'autres, que ce que cette montagne présente. C'est précisément d'elle qu'on doit dire avec l'Auteur du Voyage d'Anacharsis. ,, Le pays n'est qu'une
,, suite de tableaux où la nature a deployé la grandeur et la fécon-
,, dité de ses idées, et qu'elle a raprochés negligemment, sans égard
,, à la difference des genres. La main puissante qui fonda sur des
,, bases éternelles tant de roches énormes et arides, se fit un jeu de
,, dessiner à leurs pieds ou dans leurs intervalles des prairies char-
,, mantes, azyle de la fraicheur et du repos: partout des si-
tes

9

,, tes pittoresques, des contrastes imprévus, des effets admira-
,, bles (4).

   ,, Combien de fois parvenus au sommet d'un mont sourcilleux,
,, nous avons vu la foudre serpenter audessous de nous! Combien
,, de fois encore, arrêtés dans la région des nues, nous avons vu
,, tout à coup la lumière du jour se changer en une clarté téne-
,, breuse, l'air s'épaissir, s'agiter avec violence, et nous offrir un
,, spectacle aussi beau qu'effrayant! Ces torrents de vapeur qui pas-
,, soient rapidement sous nos yeux et se précipitoient dans des val-
,, lées profondes, ces torrents d'eau qui rouloient en mugissant au
,, fond des abîmes, ces grandes masses de montagnes, qui, à tra-
,, vers le fluide épais dont nous étions environnés, paroissoient
,, tendues de noir, les cris funebres des oiseaux, le murmure plaintif
,, des vents et des arbres: voilà l'Enfer d'Empedocle, voilà cet
,, Océan d'air louche et blanchâtre qui pousse et repousse les ames
,, coupables, soit à travers les plaines des airs, soit au milieu des
,, globes semés dans l'espace ,, (5).

Ces

---

   (4) Si on veut maintenant le litéral de ce que présente la face septentrionale du Simplon, ou celle du côté de l'Helvétie, voici ce qu'en dit M. De
Saussure. ,, A une heure un quart du Kront-Bruck, ou en trois heures de
,, Brieg, on vient aux *Tavernettes*, hameau élevé de 815 toises audessus de la
,, mer, où est un méchant cabaret. Nous nous y arrêtâmes pour nous raffrai-
,, chir, et pour eprouver tant les oscillations du pendule que le poids du ballon.
   ,, La route jusqu'à ce hameau, traverse de belles forêts; d'abord de pins
,, sauvages, *pinus sylvestris*. On en voit là de très beaux, mais qui pourtant
,, ne suffiroient pas pour des mâts de vaisseaux de ligne.
   ,, Ensuite ce sont des sapins, quelques melezes, des bouleaux, et en gé-
,, néral de superbes ombrages, qui, joints aux chûtes fréquentes des eaux qui se
,, brisent contre les rochers, rafraichissent cette route, l'animent, et la ren-
,, dent une des plus agréables que l'on puisse faire dans les montagnes. D'ail-
,, leurs, le chemin, quoique souvent etroit, est partout bon et sûr. ,,
   (5) Si l'on veut également voir succéder litéralement aux charmes de
l'Elysée les horreurs du Tartare, voici ce qu'ecrit l'illustre Voyageur des Alpes
sur l'autre face du Simplon, ou sa face méridionale, ou celle enfin qui regarde l'Italie. ,, A un petit quart de lieue de cette couche calcaire, on tra-
,, verse un pont etroit jetté sur un affreux précipice, au fond duquel se brise
,, la Toccia. Ensuite on passe sur une corniche saillante audessus de ce pré-
,, cipice; le chemin n'a souvent que quatre pieds de largeur, et il est pavé
,, de granits usés et polis par le frottement. Les rochers qui bordent cette
,, corniche, et ceux même dont elle est pavée, sont tous de granits veinés,

,, en

Ces derniers traits me semblent néanmoins convenir bien mieux encore à une autre Montagne Helvétique, appellée le Mont Gemmi, dont il me reste à vous exposer les avantages et les horreurs. Elle est située en face du Simplon, à l'autre rive du Rhône, entre le canton de Berne et le Vallais. Je crois que c'est la cour assidue que j'ai faite à cette montagne, qui m'a valu de pouvoir envisager celle du Simplon avec beaucoup plus d'exactitude et de sens froid. Le Mont Gemmi n'est exactement qu'un composé d'horreurs entassées les unes sur les autres; et qui a pu les passer une fois perd toute espéce de crainte, comme ceux qui avoient passé le fleuve Lethé perdoient tout souvenir. Mais on peut en tirer aussi un parti très avantageux, de cette montagne si effrayante. Il y a déja un chemin de tracé. Sur le compte que j'ai rendu au Ministre Reinhard, et au Gouvernement Helvétique, de l'inappréciable communication que l'on pouvoit établir par le mont Simplon et le mont Gemmi entre la France et l'Italie, déja cette communication a été singulièrement facilitée; et il ne tient plus qu'aux Généraux François en Italie, ainsi qu'aux Gouvernants Italiens de communiquer avec la France par un chemin de quatrevingt lieues plus court que celui qui passoit pour le moins long. Les Troupes, les Prisonniers, l'Artillerie, les Transports d'Argent peuvent également en faire leur profit; et je ne doute pas que le premier Consul ne mette le sceau à une Campagne qui le couvre de tant de gloire, par la création d'une route qui manque à celle du Vainqueur des Gaules, à celle de Jules Caesar même (6).

Que

» en couches presqu'horizontales, fréquemment traversées par des bancs ver-
» ticaux, souvent parallèles entr'eux. L'on pourroit prendre ces bancs pour
» des couches, si la situation des veines du granit ne prouvoit pas que les
» vraies couches sont horizontales, et que ces tranches verticales sont pro-
» duites par des affaissements.

» A demi lieue de ce pont de bois, la Toccia se précipite dans un gouffre;
» le choc la réduit en poussière, l'air entrainé par sa chûte, se dégage com-
» me dans les souflets hydrauliques, lance en dehors cette poussiere qui
» prend au soleil les couleurs de l'arc-en-ciel, et imite des flammes d'une
» beauté surprenante. Bientôt après la vallée se trouve si etroite, qu'un rocher
» de granit, qui s'est détaché de la montagne, n'a pu descendre jusqu'au
» fond, et il est demeuré suspendu entre les deux rives, où il forme un pont
» naturel. »

(6) On pourroit dire qu'il ne s'agit ici que d'ajouter le passage déja pra-
tica-

Que j'aurois de plaisir à vous ajouter d'autres observations , si je n'étois plutôt à vous rendre compte d'une expédition Militaire que d'une expédition Scientifique ! Il en est une cependant que je crois pouvoir joindre ici. Elle s'attache à la Découverte que j'ai faite de la singulière influence du Premier Quartier de la Lune sur les vicissitudes atmospheriques ; elle rend compte d'un des phénoménes météorologiques qui m'avoient le plus souvent et le plus infructueusement occupé jusqu'à mes voyages fréquents tant au mont Simplon qu'au mont Gemmi ; elle detrompera je crois aussi ceux qui attribuoient uniquement les pluyes ordinairement si abondantes, fin de May et commencement de Juin, au Solstice d'Eté. Non, ces pluyes, pour la France par le vent d'Est, et pour l'Italie par le vent d'Ouest, ne tiennent qu'à l'état detrempé par la fonte des neiges que contracte alors l'immense superficie des montagnes, qu'à la renaissance d'une infinité de lacs de ruisseaux et de rivières vers cette même epoque, sans que la chaleur soit encore assez forte pour absorber tant d'humidité. Je les ai vu ces réservoirs éternels des eaux qui doivent entretenir les rivières, lorsque les pluyes hybernales cessent de les grossir. Le commencement surtout de la fonte des neiges métamorphose en furface humide celle qui étoit avant très séche par l'effet de la neige, et qui le redevient ensuite par l'effet de la chaleur. Mais le vent d'Est ne peut d'abord qu'apporter en France

des

---

ticable du mont Gemmi, à celui bien plus que praticable, avant la guerre, du mont Simplon. J'en apporte pour preuves les paroles par les quelles l'immortel Voyageur des Alpes termine son exposé sur cette dernière montagne. „ On „ voit ainsi la grande différence qui regne entre les deux faces de la chaine „ que traverse le passage du Simplon. La face septentrionale qui regarde „ le Vallais, est presque toute de calcaires micacées en couches verticales ; „ et la face méridionale qui regarde l'Italie, de schistes micacés quartzeux, „ de gneiss, ou de granits veinés en couches horizontales, inclinées au plus „ de 30 à 40 degrés. La même opposition regne dans l'aspect de la route. „ Au Nord, de beaux ombrages arrosés par de jolis ruisseaux ; au Midi, des „ rochers nuds et escarpés, d'où se précipitent des torrents avec la plus ter- „ rible violence. Le chemin même est aussi effrayant du côté de l'Italie, *„ partout cependant sûr et très bien entretenu, soit parceque c'est la route „ que prend le courier de Milan, soit parceque ce passage conduit au Lac- „ Majeur, et qu'il est très fréquenté par le commerce des grains, des vins „ et des fromages, qui se fait partout à dos de mulets .„*

des pluyes très froides très abondantes, comme il le fait toujours à cette époque, et comme il cesse entièrement de le faire après cette même époque.

Vous me pardonnerez, Citoyen Général en Chef, cette addition aux détails, qui seuls peut être devoient m' occuper dans ce rapport. Mais il n'y a jamais eu d'interruption, sans doute, dans l'alliance que la profession des Armes a si anciennement contractée en France avec la profession des Letres; et comment oublier surtout l'Histoire Naturelle, en vous ecrivant de dessus un Champ de Bataille où les ombres victorieuses de nos Guerriers se trouvent entourer celle du plus grand Physiologiste de l'Europe, celle de l'incomparable SPALLANZANI.

Salut, et respect.
QUATREMÈRE DISJONVAL.

P. S. Rien n'étant plus propre à eclairer et accélérer les résolutions de la République Italienne sur la nouvelle route proposée, que les succès qu'elle a déja sur le territoire de la République Helvétique, je m'empresse d'ajouter l'extrait d'une letre que j'ai reçue à ce sujèt sur le Champ de Bataille même de Marengo.

Berne ce 20. Prairial an 8.

Reinhard Ministre Plénipotentiaire de la République Française près celle Helvétique,

Au Citoyen Quatremere Disjonval Chef d'Etat Major de l'Expédition du Simplon.

Votre seconde letre du 18. Mon Cher Général, m'est parvenue assez rapidement. Elle etoit à Thun hiers matin a 9. heures. Vous voyez que vos arrangements réussissent à merveille.

Ce sera immediatement après le retour du Citoyen Kerner que je m'occuperai très sérieusement à organizer cette correspondence dont vous serez un des créateurs.

Vous allez courir audevant des grands, des glorieux événemens. Nous restons ici dans l'abandon. Nous comptons sur votre amitié; sur votre activité, sur votre route militaire, pour avoir des nouvelles.

Je tente cette route aujourdui. J'envoye par elle un paquet au Général Dupont, et j'y renferme cette letre.

Salut et Amitié.
Signé REINHARD.